Dieses Buch gehört

_____

_____

Club 4

Wir entdecken
die Bibel

Schülerinnenbuch

Schülerbuch

4. Schuljahr

Autorinnen **Dorothea Meyer-Liedholz**
Rahel Voirol-Sturzenegger
Illustrationen **Tanja Stephani**

Die Bibel – ein Buch der Rekorde

Die kleinste Bibel der Welt auf Mikrofiche ist etwa so gross wie eine Briefmarke. Mit einem Lesegerät, das die Buchstaben vergrössert wie ein Mikroskop, kann man jedes einzelne Wort lesen – wenn man Englisch versteht.

Die Bibel ist das meistverfilmte Buch der Welt.
Es gibt sogar Zeichentrickfilme zu biblischen Geschichten.
Erkennst du die Geschichte?

Kein anderes Buch ist in so viele Sprachen übersetzt wie die Bibel:
Im Jahr 2011 gab es Bibelübersetzungen in 2538 Sprachen. An rund 650 weiteren Übersetzungen wird gearbeitet, die meisten davon sind Übersetzungen in afrikanische und asiatische Sprachen.

Zu keinem Buch haben so viele Künstler Bilder gemalt wie zur Bibel. Hast du selbst schon Kunstwerke zu biblischen Geschichten gesehen? Hier siehst du ein Gemälde des holländischen Malers Rembrandt van Rijn. Er hat es 1668/69 gemalt. Erkennst du die Geschichte?

1988 schrieben 1100 Jugendliche in 57 Minuten die ganze Bibel von Hand ab – ein Weltrekord.

Eine deutsche Bibel enthält etwa 3,5 Millionen Buchstaben, 774 000 Wörter, 31 000 Verse und 1189 Kapitel. Wenn man die Bibel in normaler Sprechgeschwindigkeit vorliest, braucht man 70 Stunden. Mehr als 1000 Jahre dauerte es, bis die Bibel fertig geschrieben war – länger als bei jedem anderen Buch.

Eine Bibel so gross wie eine Zündholzschachtel!

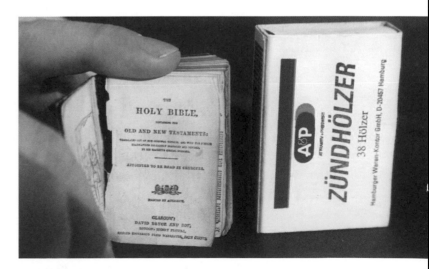

B-I-B-E-L

Text und Melodie: Andrew Bond

Kehrvers

B - I - - B - E - L

Nimm die Bi-ble us em Gschtell. Mach si uuf

und ver-zell! B - I - B - E - L.

Strophen

1. Es Buech mit vill - ne Büe-cher

in zwei Tes - ta - mänt_____

dick und vol - ler Gschich - te vom

A - fang bis zum Änd._____

2. Wo Mänsche Gott erläbed,
sueched, finded, danked,
chlaged, troimed, ghööred,
erchläred, fiired, tanked.

Kehrvers (Englisch)

B-I-B-L-E
Bring the bible, let me see,
What there is inside for me.
B-I-B-L-E

Diese Posten habe ich besucht

4

Die Bibel ist eine Bibliothek mit 66 Büchern

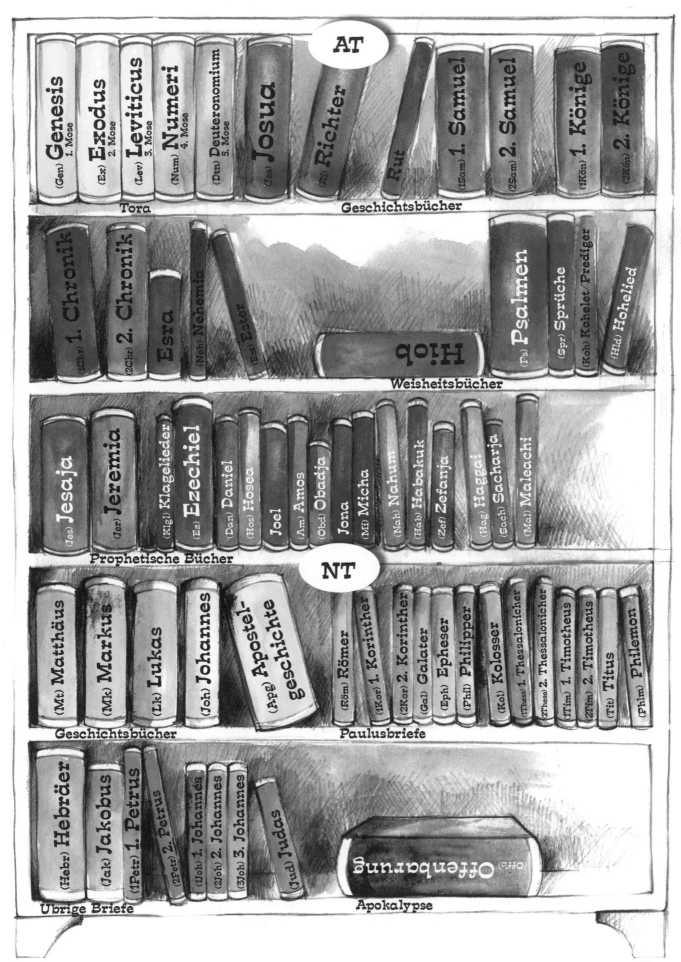

AT

(Gen) **Genesis** 1. Mose
(Ex) **Exodus** 2. Mose
(Lev) **Leviticus** 3. Mose
(Num) **Numeri** 4. Mose
(Dtn) **Deuteronomium** 5. Mose
(Jos) **Josua**
(Ri) **Richter**
Rut
(1Sam) **1. Samuel**
(2Sam) **2. Samuel**
(1Kön) **1. Könige**
(2Kön) **2. Könige**

Tora   Geschichtsbücher

(1Chr) **1. Chronik**
(2Chr) **2. Chronik**
(Esr) **Esra**
(Neh) Nehemia
(Est) Ester
Hiob
(Ps) **Psalmen**
(Spr) Sprüche
(Koh) Kohelet/Prediger
(Hld) Hohelied

Weisheitsbücher

(Jes) **Jesaja**
(Jer) **Jeremia**
(Klgl) Klagelieder
(Ez) **Ezechiel**
(Dan) Daniel
(Hos) Hosea
Joel
(Am) Amos
(Obd) Obadja
Jona
(Mi) Micha
(Nah) Nahum
(Hab) Habakuk
(Zef) Zefanja
(Hag) Haggai
(Sach) Sacharja
(Mal) Maleachi

Prophetische Bücher

NT

(Mt) **Matthäus**
(Mk) **Markus**
(Lk) **Lukas**
(Joh) **Johannes**
(Apg) **Apostel-geschichte**
(Röm) Römer
(1Kor) 1. Korinther
(2Kor) 2. Korinther
(Gal) Galater
(Eph) Epheser
(Phil) Philipper
(Kol) Kolosser
(1Thess) 1. Thessalonicher
(2Thess) 2. Thessalonicher
(1Tim) 1. Timotheus
(2Tim) 2. Timotheus
(Tit) Titus
(Phlm) Philemon

Geschichtsbücher   Paulusbriefe

(Hebr) **Hebräer**
(Jak) **Jakobus**
(1Petr) **1. Petrus**
(2Petr) 2. Petrus
(1Joh) 1. Johannes
(2Joh) 2. Johannes
(3Joh) 3. Johannes
(Jud) Judas
(Offb) **Offenbarung**

Übrige Briefe   Apokalypse

Wir finden uns in der Bibel zurecht

So sieht eine Seite in der Bibel aus

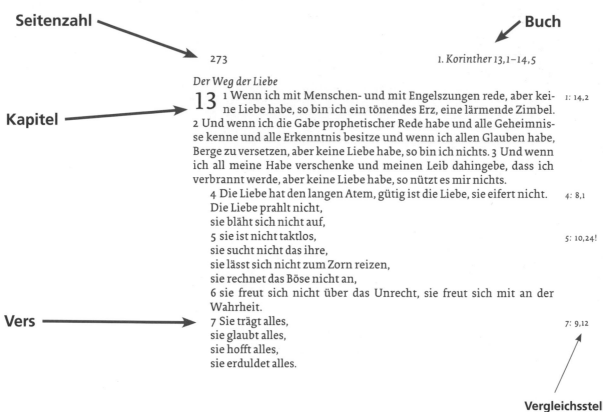

Seitenzahl

Buch

273

1. Korinther 13,1–14,5

Der Weg der Liebe

Kapitel

13 1 Wenn ich mit Menschen- und mit Engelszungen rede, aber keine Liebe habe, so bin ich ein tönendes Erz, eine lärmende Zimbel.
2 Und wenn ich die Gabe prophetischer Rede habe und alle Geheimnis-
se kenne und alle Erkenntnis besitze und wenn ich allen Glauben habe,
Berge zu versetzen, aber keine Liebe habe, so bin ich nichts. 3 Und wenn
ich all meine Habe verschenke und meinen Leib dahingebe, dass ich
verbrannt werde, aber keine Liebe habe, so nützt es mir nichts.
4 Die Liebe hat den langen Atem, gütig ist die Liebe, sie eifert nicht.
Die Liebe prahlt nicht,
sie bläht sich nicht auf,
5 sie ist nicht taktlos,
sie sucht nicht das ihre,
sie lässt sich nicht zum Zorn reizen,
sie rechnet das Böse nicht an,
6 sie freut sich nicht über das Unrecht, sie freut sich mit an der
Wahrheit.

Vers

7 Sie trägt alles,
sie glaubt alles,
sie hofft alles,
sie erduldet alles.

1: 14,2

4: 8,1

5: 10,24!

7: 9,12

Vergleichsstelle
Sie zeigt dir, wo in
der Bibel du mehr
zum gleichen Thema
finden kannst.

So findest du 1. Korinther 13,1–7 in zwei Minuten

Ist 1. Korinther Altes oder Neues Testament?

Suche im Inhaltsverzeichnis von AT und NT den 1. Korinther.

Merke dir die Seitenzahl von 1. Korinther (1Kor) und schlage sie
in der Bibel auf. Achtung: Das AT findest du vorne. Das NT
beginnt mit der Seitenzählung wieder bei 1.

Suche das richtige Kapitel. Es ist Kapitel 13 (grosse Zahl).

Suche die richtigen Verse. Es sind die Verse 1–7 (kleine Zahlen).

Das Land der Bibel

Cäsarea am Mittelmeer

See Gennesaret

Jerusalem

Jordan

Höhlen von Qumran

Totes Meer

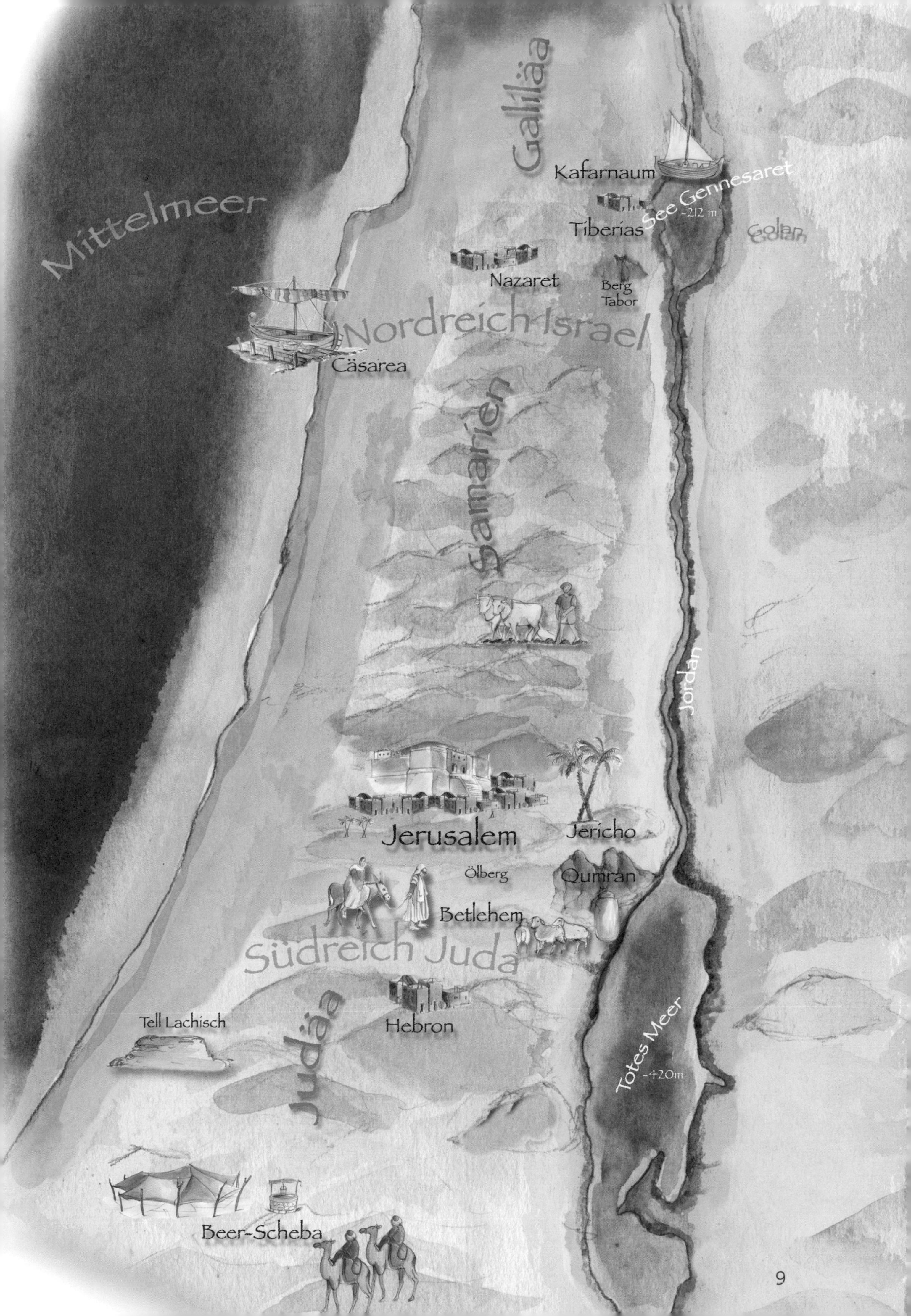

Mittelmeer

Galiläa

Kafarnaum

Tiberias

See Gennesaret
~-212 m

Golan

Nazaret

Berg
Tabor

Nordreich Israel

Cäsarea

Samarien

Jordan

Jerusalem

Jericho

Ölberg

Qumran

Betlehem

Südreich Juda

Juda

Tell Lachisch

Hebron

Totes Meer
~-420m

Beer-Scheba

9

Wie das Alte Testament entstand

Schon immer haben Menschen gerne Geschichten erzählt. Geschichten erzählen auch von den Erfahrungen, die Menschen in ihrem Leben mit Gott gemacht haben. Wichtige Erfahrungen sollen nicht in Vergessenheit geraten.

Deshalb wurden sie wieder und wieder erzählt: am Lagerfeuer, im Beduinenzelt, unter dem Sternenhimmel.
Von Generation zu Generation wurde weitergetragen, was wichtig war.

Viele Jahrhunderte lang erzählten die Israeliten, wie Gott ihren Vätern Gutes getan hatte. Sie erzählten von Abraham und von Josef. Sie erzählten von Mose und vor allem von der Befreiung Israels aus der ägyptischen Sklaverei. Sie erzählten von der Schöpfung und wie Gott die Väter ins Land Kanaan geführt hatte. Väter erzählten ihren Kindern von den grossen Taten Gottes. Die Kinder trugen den Schatz der Erfahrungen weiter zu ihren Kindern. Jeder hörte aus den Geschichten heraus: Sie sind nicht vergangen. Die Geschichten leben auch jetzt! Sie gelten auch für mich.
Viele Jahrhunderte lang wurden in Israel die Geschichten und Erfahrungen der Väter nur mündlich weitergegeben. Alle gaben sich grosse Mühe: Nichts sollte vergessen, nichts verfälscht werden.
Erst unter König Salomo begannen kluge, schriftkundige Männer, die Geschichten von Gott und seinem Volk auf grosse Rollen zu schreiben. So entstanden die ersten Bibel-Bücher. Später wuchsen die einzelnen Geschichten zu den «Fünf Büchern Mose» zusammen. In weiteren Jahrhunderten kamen neue Schriftrollen hinzu, z. B. die Psalmen, Lieder und Gebete oder die Geschichten der Propheten und ihre Worte.
Alle 39 Schriften des AT erzählen auf ihre Weise, was Gott Israel Gutes getan hat.

Hans Freudenberg

Gottes Wort ist wie Licht in der Nacht

Text: Hans-Hermann Bittger
Melodie: aus Israel

Kanon für 2 Stimmen

Got-tes Wort ist wie Licht in der Nacht;

es hat Hoff-nung und Zu-kunft ge-bracht;

es gibt Trost, es gibt Halt in Be-dräng-nis, Not und

Ängs-ten, ist wie ein Stern in der Dun-kel-heit.

Wie das Neue Testament entstand

Am Anfang des NT
steht die Ostererfahrung
der Jünger: «Jesus lebt.
Er ist der so lange
erwartete Messias!»
Die Jünger mussten von
ihrem Glauben erzählen.
Andere Menschen
sollten hören, was sie
mit Jesus erlebt hatten!

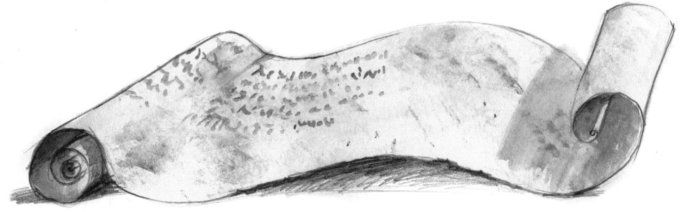

Einzelne Jesusworte und -geschichten
wurden aufgeschrieben. Immer wieder wurden
sie im Gottesdienst vorgelesen: Predigten,
Heilungsgeschichten, seine Geburt, seine Taufe,
sein Leiden und Sterben, Ostern. Nach und
nach starben die Jünger, und die Jesusbotschaft
zog immer weitere Kreise. Da trugen die
Evangelisten Matthäus, Markus, Lukas und
Johannes die einzelnen mündlichen Geschichten
von Jesus und kleine schriftliche Sammlungen
zusammen. Sie wählten aus, ordneten neu,
schrieben auf. So entstanden die vier Evangelien.

Die frohe Botschaft, das Evangelium durfte nicht
in Vergessenheit geraten! Älter als die Evangelien sind die Briefe, die Paulus an verschiedene
Gemeinden schrieb. Die Gemeinden lasen
die Briefe, schrieben sie ab und verteilten sie an
Nachbargemeinden. Auch Ereignisse der frühen
Kirche wurden aufgeschrieben, z. B. Pfingsten,
die Bekehrung des Paulus, seine anstrengenden
und gefährlichen Reisen.
Alle Bücher der Bibel – in mehr als 1000 Jahren
geschrieben – erzählen immer neu von den
guten Erfahrungen der Menschen mit Gott.

Hans Freudenberg

In der Schreibstube des Lukas

Lukas hat sein Evangelium auf Griechisch geschrieben. Das war damals eine Art Weltsprache: Sehr viele Menschen im römischen Reich verstanden und sprachen Griechisch.

Deshalb verwendeten es auch die ersten Christen. Das ganze Neue Testament ist ursprünglich in Griechisch geschrieben.

Hier ist das griechische Alphabet

A	α	a
B	β	b
Γ	γ	g
Δ	δ	d
E	ε	e
Z	ζ	ds
H	η	ä
Θ	θ	th
I	ι	i
K	κ	k
Λ	λ	l
M	μ	m
N	ν	n
Ξ	ξ	x
O	ο	o (kurz)
Π	π	p
P	ρ	r
Σ	σ (ς)	s (Schluss-s)
T	τ	t
Y	υ	ü
Φ	φ	ph
X	χ	ch
Ψ	ψ	ps
Ω	ω	o (lang)

Μαριαμ	Lk 1,30
Θεοφιλος	Lk 1,3
Ελισαβετ	Lk 1,41
Ζαχαριας	Lk 1,5
Πετρος	Lk 9,20

> Im Kästchen siehst du einige Namen, die im Lukasevangelium vorkommen.
> Schreibe sie mit griechischen Buchstaben auf die leere Schriftrolle ab.
> Kennst du die Namen? Wenn du unsicher bist, schau in der Bibel nach.

Eine Höhle gibt ihr Geheimnis preis

Hebräisch – Sprache des Alten Testaments

Das Alte Testament entstand im Land Israel. Dort schrieben die Menschen Hebräisch. Es ist die Sprache des Alten Testaments. Wir nennen deshalb den ersten Teil der Bibel auch «Hebräische Bibel».

Andere Länder – andere Schriften

1. In Hebräisch schreibt und liest man

Schreibe den Satz richtig auf die Linie.

sknil hcan sthcer nov

_____

2. Die hebräische Schrift kennt keine Vokale (a, e, i, o, u).

nsl nm nnk ztS nsD

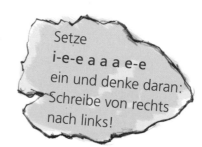
Setze i-e-e a a a e-e ein und denke daran: Schreibe von rechts nach links!

_____

3. Das Hebräische hat andere Schriftzeichen. Jeder Buchstabe könnte in einem Quadrat Platz finden. Deshalb bezeichnet man die hebräische Schrift als Quadratschrift.

4. Heute werden die Vokale als kleine Zeichen über und unter die hebräischen Buchstaben gesetzt. Hier ein Beispiel: Zwei Pünktchen nebeneinander unter dem Buchstaben bilden das «E». Male alle «E» im hebräischen Text farbig an!

Wenn ihr wissen möchtet, was der hebräische Text übersetzt heisst, schlagt in der Bibel Jesaja 12,2a auf und schreibt den Satz auf.

2000 Jahre Bibel

19

Kinder sprechen über die Bibel

Ich finde es schwierig, in der Bibel Worte und Geschichten zu finden, die ich verstehe.

Ich habe eine Lieblingsgeschichte in der Bibel, die ich immer wieder lese. Sie gibt mir Kraft.

Ich finde es spannend, in einem Buch zu lesen, das schon fast 2000 Jahre alt ist.

Die Bibel ist eher etwas für alte Leute, denn in der Bibel wird von früheren Zeiten erzählt.

Ich glaube, dass man Gott in der Bibel finden kann. Aber man muss ziemlich lange suchen, weil die Bibel so dick ist.

Ich bin froh, dass es die Bibel gibt. In ihr erfahre ich etwas über Gott und Jesus. So lerne ich mehr über meinen Glauben.

Es gibt Leute, die glauben jedes Wort, das in der Bibel steht. Ich glaube manches, anderes nicht.

In der Bibel steht, dass Gott sich um uns Menschen kümmert. Das finde ich schön.

In der Bibel wird von vielen Wundern erzählt. Ich weiss nicht, ob es Wunder gibt. War Jesus ein Zauberer?

Andere Religionen haben auch heilige Bücher, die über Gott erzählen. Ist die Bibel ein besonderes Buch?

Ich höre aus manchen Sätzen der Bibel die Stimme Gottes. Dann spüre ich: Die Bibel ist wahr. Sie hilft mir, meinen Weg zu finden.

> Lest einander die Aussprüche vor. Wählt drei Aussprüche, die ihr für zutreffend haltet.
  Malt sie farbig an. Erzählt einander, warum ihr gerade diesen Ausspruch gewählt habt.
  Schreibt eure eigenen Gedanken zur Bibel in die leeren Kästchen.

Was mir die Bibel bedeutet

Wältwunder – Wunderwält

Text und Melodie: Andrew Bond

Kehrvers

D	G	A	D

Wält - wun-der, Wun-der - wält,

G	D/F	E	A

Er - de - gar - te, Him - mels - zält,

G	A	fis7	h7

sind iir cho ei - fach so, o - der

e7	A7	D

chö - med iir vo Gott?

Strophen

D	e7

1. Hell und dun - kel, Tag und Nacht,

A	Fis7

Sun - ne, Mond und Stär - ne-pracht,

h	h/A	G	G/Fis

Was - ser, Luft, Wät - ter, Wind,

e7	A7

ob iir ei - fach Zue - fall sind?

D	e7

Ins - le, Ber - ge, Kon - ti - nänt,

A	Fis7

Fel - se, Schluch-te, Klip - pe-wänd,

h	h/A	G	G/Fis

Bäch und Flüss, See - e, Meer,

a7	A7

ü - ber al - les stuun ich seer.

2. Gräser, Blueme, Heckesäum,
Blätter, Blüete, Büsch und Bäum,
Schönheit, Düft, Farbepracht,
hät oi würklich niemert gmacht?
Und du bunti Vogelschar
flüügsch und singsch so wunderbar
fäderliecht, Freudetön,
iir sind eifach wunderschön.

3. Fisch und alli Wassertier,
gheimnisvoll und schön sind iir,
säged mir, Insäkte all,
sind iir eifach Zuefall?
All iir Tier vom Wältezoo
chömed doch nöd eifach so,
iir und mir, Tier und Lüüt,
sind mir eifach da us nüüt?

34

Die sieben Schöpfungstage

Und Gott schuf den Menschen als sein Bild

Und Gott schuf den Menschen als sein Bild, als Bild Gottes schuf er ihn; als Mann und Frau schuf er sie.

Und Gott segnete sie, und Gott sprach zu ihnen: Seid fruchtbar und mehrt euch und füllt die Erde und macht sie untertan, und herrscht über die Fische des Meers und über die Vögel des Himmels und über alle Tiere, die sich auf der Erde regen.

Genesis 1, 27+28

> Was könnte dieser Auftrag für uns heute bedeuten?

_____

_____

_____

_____

_____

Du bist du

Text: Jürgen Werth
Melodie: Paul Janz

1. Ver-giss es nie, dass du lebst war kei-ne
ei-ge-ne I-dee_ und dass du at-mest
kein Ent-schluss von dir._ Ver-giss es
nie, dass du lebst war ei-nes an-de-ren I-dee
und dass du at-mest_ sein Ge-schenk an
dich._ Du bist ge-wollt, kein Kind des
Zu-falls, kei-ne Lau-ne der Na-tur, ganz e-
gal, ob du dein Le-bens-lied in Moll singst
o-der Dur. Du bist ein Ge-dan-ke
Got-tes, ein ge-ni-a-ler noch da-zu.
Du bist du. Das ist der Clou.
Ja der Clou,_ ja du bist du.

2. Vergiss es nie,
   niemand denkt und fühlt und handelt so wie du
   und niemand lächelt, so wie du's grad' tust.
   Vergiss es nie,
   niemand sieht den Himmel ganz genau wie du.
   Und niemand hat je, was du weisst, gewusst.

3. Vergiss es nie,
   dein Gesicht hat niemand sonst auf dieser Welt,
   und solche Augen hast alleine du.
   Vergiss es nie,
   du bist reich, egal ob mit, ob ohne Geld,
   denn du kannst leben, niemand lebt wie du.

Der Mensch im Garten Eden

Der Mensch und seine Frau

Da sprach der Mensch: Diese endlich ist Gebein von meinem Gebein und Fleisch von meinem Fleisch.
Diese soll Frau heissen, denn vom Mann ist sie genommen.

Genesis 2,23

Mann
isch

Frau
ischah

אִישׁ

38

Weit wie das Meer

Text: Markus Jenny
Melodie: Lars Åke Lundberg

1. Weit wie das Meer ist Gottes grosse Liebe, wie Wind und Wiesen, ewiges Daheim. Freiheit bekamen wir, uns zu bewegen und zu Gott Ja zu sagen oder Nein.

Refrain: Weit wie das Meer ist Gottes grosse Liebe, wie Wind und Wiesen, ewiges Daheim.

2. Wir wollen Freiheit, um uns selbst zu finden,
Freiheit, die Leben zu gestalten weiss.
Nicht leeren Raum, doch Raum für unsre Träume,
Erde, wo Baum und Blume Wurzel schlägt.

3. Und doch sind Mauern zwischen uns und andern,
wir sehn einander nur durch Gitter an.
Unser Gefängnis ist das eigne Wesen
und seine Mauern nichts als unsre Angst.

4. Sprich du uns frei, o Gott, in deinem Richten.
Erst wenn uns du vergibst, dann sind wir frei.
Deine Vergebung geht wie deine Liebe
über die Menschen, Völker, Rassen hin.

Zu Strophe 4:
Wenn das Lied vom
Richten Gottes erzählt,
so ist damit gemeint,
dass Gott ein Gott der Gerechtigkeit ist
und aus diesem Blickwinkel das Tun der Menschen beurteilt. Gott verurteilt aber nicht, sondern spricht frei und hilft den Menschen, den Weg der Liebe zu gehen. So kann Richten auch als Richtung-Weisen oder Führen verstanden werden.

Adam und Eva werden selbständig

Adam und Eva sind ihrem Wunsch nach
Selbständigkeit und nach mehr Wissen gefolgt.
Sie haben die Früchte gegessen, die Gott ihnen
verboten hatte. Nun müssen sie ihr Leben selbst
in die Hand nehmen. Sie müssen gemeinsam
für ihre Nahrung und ihr Überleben sorgen.
Was erwartet wohl Adam und Eva in ihrem
neuen Lebensabschnitt?
Was für Sorgen machen sich die beiden?
Wovor haben sie Angst?

> Sucht in Zeitschriften nach
  Wörtern, die von diesen
  Sorgen und Ängsten
  sprechen.
  Schneidet sie aus
  und klebt sie
  in die dunklen
  Wolken und auf
  den Weg, den
  die beiden jetzt gehen.

Gott lässt Adam und Eva nicht
ohne seinen Schutz gehen. Er
macht ihnen Mäntel aus Fellen.

> Sucht nach Wörtern, die
  vom Schutz Gottes
  erzählen und davon,
  was an einem
  selbständigen Leben
  besonders schön ist.
  Klebt sie auf
  die Mäntel
  von Eva
  und Adam.

Zwei Brüder

> Hier erzählen Kain und Abel von sich. Schreibe hinter die Sätze, die Kain gesagt haben könnte, ein (**K**), hinter die, die Abel gesagt haben könnte, ein (**A**). Achtung: Es kann auch richtig sein, eine Aussage beiden Brüdern zuzuordnen (**KA**).

Ich möchte, dass Gott auf mich schaut und mich liebt. (   )

Ich bin das erste Kind, von dem die Bibel erzählt. (

Ich bin der zweite Sohn meiner Eltern. (   )

Gott schützt mich. Er will nicht, dass das Töten weitergeht. (

Ich schenke Gott mein schönstes Lamm. (

Ich schenke Gott das Beste von meinem Acker. (   )

Gott weiss, dass ich meinen Bruder getötet habe. (   )

Ich glaube, Gott hat mich lieb und freut sich über mein Geschenk. (   )

Ich habe Angst. Jeder, dem ich begegne, könnte mich nun töten. (   )

Ich trage eine Schuld, mit der ich nicht ruhig weiterleben kann. (   )

Ich bin Bauer. (   )

Mein Name bedeutet: Speer oder Schmied. (   )

Mein Name bedeutet: vergänglich wie Lufthauch. (   )

Ich glaube, Gott hat meinen Bruder lieber als mich. (   )

Ich bin neidisch auf meinen Bruder. (   )

43

Gebet

Grosser Gott, ich rufe dich an.
Es ist so schwer, nicht böse zu werden,
wenn es den anderen besser geht als mir.
Ich werde oft eifersüchtig.
Ich möchte schlagen, schreien.
Manchmal wünsche ich mir heimlich,
dass ein anderer einfach nicht mehr da ist.
Ich möchte ihn am liebsten töten.
Nur in Gedanken – aber solche Gedanken
sind schlimm.
Oder ich möchte schimpfen und hauen,
vielleicht nur, weil ich Angst habe.
Nimm solche Gedanken von mir weg,
grosser Gott.
Lass mich Sorge tragen zum kostbaren Leben,
das von dir kommt.
Zu meinem eigenen Leben und zu dem
der anderen.
Du bist der Gott des Lebens, ein
wunderbarer Gott.

Gott, der Plan für deine Welt ist gut.
Ich möchte deinen Plan verstehen.
Ich möchte mitmachen.
Ich möchte helfen, nicht töten.
Öffne meine Augen,
dass sie freundlich auf die anderen schauen.
Aber ohne dich geht es nicht,
du unsichtbarer Gott!
Sei du ganz nahe bei mir!
Gib mir Kraft, gib mir die richtigen Ideen.
Ich brauche dich.
Ich möchte dich spüren!
Komm, du guter Gott des Lebens!

Amen.

Regine Schindler

Ein Turm bis zum Himmel

1.+2. Gruppe Wir bauen eine Riesenstadt,
wie's keine noch gegeben hat.
Helft alle mit – es ist famos –,
so werden wir berühmt und gross!

3.+4. Gruppe Der Turm soll bis zum Himmel reichen!
Auf Erden ist nicht seinesgleichen!

Alle Helft alle mit – es ist famos –,
so werden wir berühmt und gross!

1. Gruppe Bringt Harz! Bringt Harz! Nicht Ziegel, nein!
Wir sagen Harz! Was fällt euch ein?
Ach, putzt die Ohren, hört doch zu
und bringt, was nötig ist, im Nu!

2. Gruppe Wir brauchen Ziegel – holt ihr wieder? –,
nicht Brot, ihr Narren; legt das nieder!

1.+2. Gruppe Ach, putzt die Ohren, hört doch zu
und bringt, was nötig ist, im Nu!

3. Gruppe Heut machen wir euch gar nichts recht.
So ist's, weil ihr nicht richtig sprecht.
Blabla, bloblo – wer soll's verstehn?
Holt selber, was ihr braucht! Wir gehn.

4. Gruppe Was babbelt ihr daher, ihr Tröpfe,
und werft euch Steine an die Köpfe?

3.+4. Gruppe Blabla, bloblo – wer soll's verstehn?
Holt selber, was ihr braucht! Wir gehn.

Alle O weh, wir alle sind zerstreut.
Der Turm ward nie gebaut bis heut.
Wir bleiben klein, verwirrt und bloss.
Doch Gott – das sehen wir – ist gross.

Ursula Burkhard

45

David dankt Gott nach der Rettung

Der HERR ist mein Licht und meine Rettung,
vor wem sollte ich mich fürchten?
Der HERR ist meines Lebens Zuflucht,
vor wem sollte ich erschrecken?
Dringen Übeltäter auf mich ein,
mich zu zerfleischen,
meine Gegner und meine Feinde,
sie müssen straucheln und fallen.

Ps 27,1+2

David 3

> Was denkt David über Gott? Wann könnte dir das Gebet helfen?
> Schlage den Psalm in deiner Bibel auf. Lies den ganzen Psalm.

Beten gehört zum Leben

Beten gehört ganz selbstverständlich zu Davids Leben. David und seine Familie sagen Gott, was sie bewegt, was ihnen Sorgen bereitet oder was sie freut. Wenn sie krank sind, bitten sie Gott darum, dass es bald wieder besser werde. Wenn sie Not leiden, vertrauen sie Gott ihre Not an. Und wenn sie fröhlich sind, dann singen sie ein Loblied. Beten ist für David ein Teil des Lebens. Beim Beten vertraut er Gott sein Herz an, seine

Gedanken, seine Pläne und auch seine Gefühle. So ist sein ganzes Leben von Gott umhüllt. David kann uns Mut machen, Gott an unserem Leben teilhaben zu lassen.

> Welche Rolle spielt Beten in deinem Leben? Was für Erfahrungen machst du mit dem Beten?

Zeig mir dein Herz!

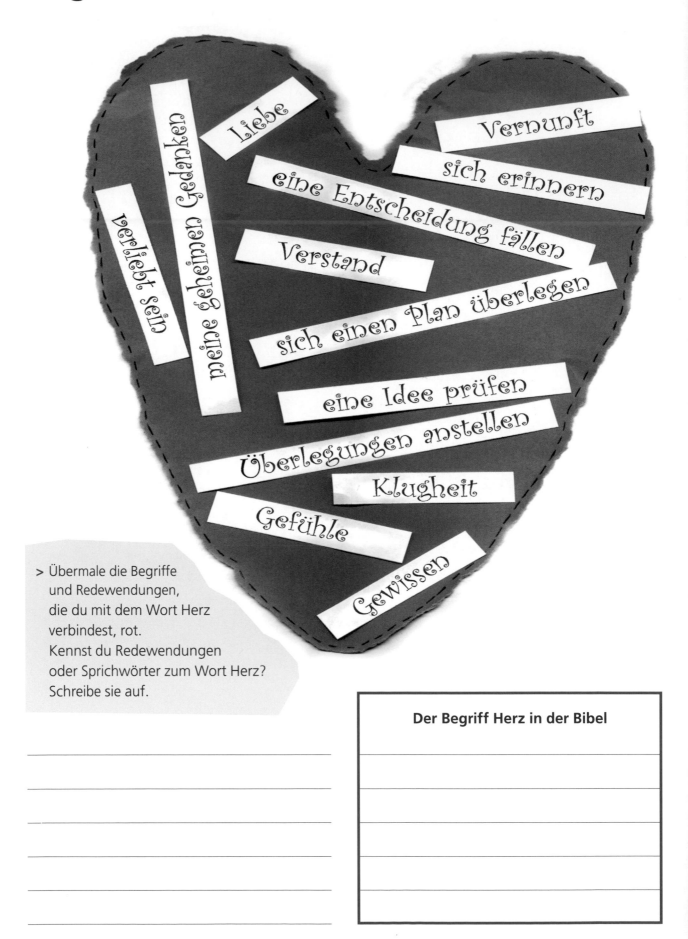

Liebe
Vernunft
sich erinnern
meine geheimen Gedanken
eine Entscheidung fällen
verliebt sein
Verstand
sich einen Plan überlegen
eine Idee prüfen
Überlegungen anstellen
Klugheit
Gefühle
Gewissen

> Übermale die Begriffe
und Redewendungen,
die du mit dem Wort Herz
verbindest, rot.
Kennst du Redewendungen
oder Sprichwörter zum Wort Herz?
Schreibe sie auf.

Der Begriff Herz in der Bibel

Was David alles kann

> Was kann David alles? Findest du die fehlenden Wörter?
   Klebe zu jedem Satz das passende Bild ins linke Kästchen.

	David kann _____ spielen.	R E I L E
	David kann auch in Gefahr auf Gott _____.	R E E T N V R U
	David kann _____ besiegen.	N E O E L W L
	David kann seine Herde _____.	N C I B W E E A
	David kann mit seiner _____ umgehen.	C E S H D T N U S I E L R

Was ich gut kann

> Was kannst du alles? Überlege zwei Beispiele.
   Mache selbst ein Rätsel daraus! Male ein passendes Bild ins linke Kästchen!

David und Goliat

Was David stark macht – was Goliat stark macht

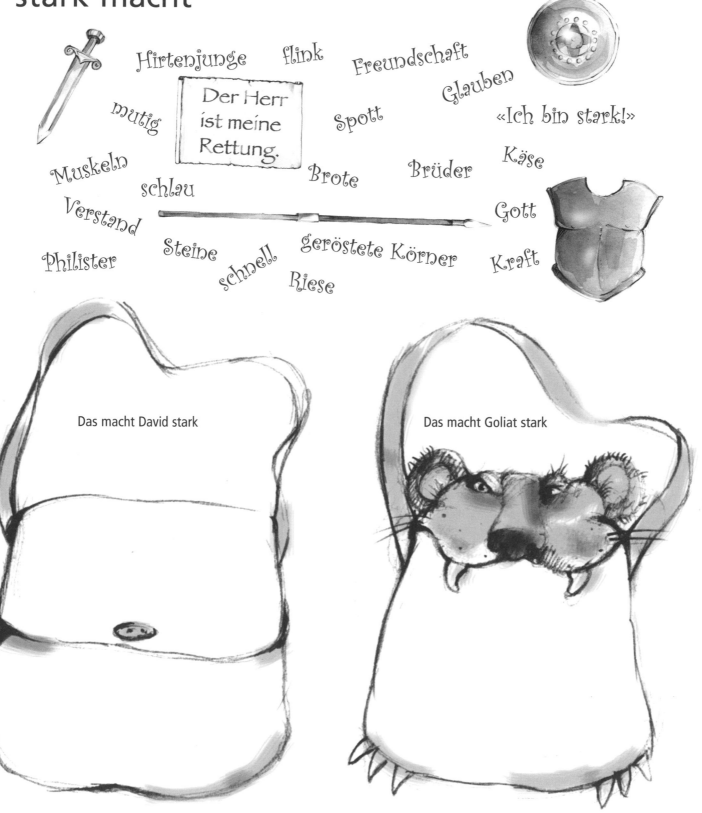

Hirtenjunge   flink   Freundschaft   Glauben

mutig   Der Herr ist meine Rettung.   Spott   «Ich bin stark!»

Muskeln   schlau   Brote   Brüder   Käse

Verstand   Gott

Philister   Steine   schnell   geröstete Körner   Kraft

Riese

Das macht David stark

Das macht Goliat stark

> Schreibe passende Wörter oder Sätze in Davids oder Goliats Tasche.
  Wenn ein Bild passt, zeichnest du es ab. Findest du noch weitere Wörter?
  Es ist auch möglich, dass ein Wort oder Satz sowohl zu David wie zu Goliat gehört.

Mit meinem Gott spring ich über Mauern

Text und Melodie: Herbert Adam

Mit mei-nem Gott spring ich ü - ber Mau - ern, mit mei-nem Gott stell ich die Welt auf den Kopf. Mit mei-nem Gott, mit den Schwes-tern und Brü-dern, bau-en wir an uns-rer Er - de, bau-en wir an sei-nem Reich. Sieh dir nur mal den Da-vid an: Ein klei-ner Bub, was fängt der schon an. Doch er ver-traut, setzt al - les ein, und er wird am En-de der Sie-ger sein.

Wir sind Freunde

Wenn einer sagt, ich mag dich

Text und Melodie: Andreas Ebert

Kehrvers

La la la la la, la la la la la,
la la la la la la la la la la la
la, la la la la la, la la la la la,
la la la la la la la la.

Strophen

1. Wenn ei-ner sagt: «Ich mag dich, du, ich
find dich ehr-lich gut», dann krieg ich ei-ne
Gän-se-haut und auch ein biss-chen Mut.

2. Wenn einer sagt: «Ich brauch dich,
   du, ich schaff es nicht allein»,
   dann kribbelt es in meinem Bauch,
   ich fühl mich nicht mehr klein.

3. Wenn einer sagt: «Komm, geh mit mir,
   zusammen sind wir was»,
   dann werd ich rot, weil ich mich freu,
   dann macht das Leben Spass.

4. Gott sagt zu dir: «Ich hab dich lieb
   und wär so gern dein Freund.
   Und das, was du allein nicht schaffst,
   das schaffen wir vereint!»

Wir spielen zum Thema Freundschaft

Wie verhalten sich gute Freunde und Freundinnen, wie verhalten sich schlechte Freunde und Freundinnen? Da gibt es grosse Unterschiede!

> Wählt eine Spielsituation aus. Nur der Anfang ist vorgegeben.
  Spielt die Situation zweimal, mit je anderem Ausgang:
  • Die erste Szene zeigt, wie sich ein guter Freund oder eine gute Freundin verhalten würde.
  • Die zweite zeigt, wie sich ein schlechter Freund oder eine schlechte Freundin verhalten würde.
  Besprecht zuerst, wie die Situation beim ersten und beim zweiten Mal ausgehen soll.
  Verteilt die Rollen – fair, wie Freunde es tun. Übt beide Szenen, bis ihr sie gut beherrscht.
  Nun seid ihr bereit, eure beiden Szenen der Gesamtgruppe vorzuspielen.

Lukas hat sich am Wandertag der Klasse 4c kurz vor dem Gipfel des Bergs seinen Fuss vertreten.

Nadja erzählt Elena ein Geheimnis.

Merets Meerschweinchen ist gestern gestorben.

Zwei Typen aus der Klasse 6a bedrohen Joris: Er solle mit dem Geld herausrücken, sonst passiere etwas.

Yannick wird nicht für die A-Fussballmannschaft aufgeboten.

Esther hat eine altmodische Hose an.

Aus Davids Tagebuch

Bin ich froh, dass der Kampf mit _____ vorbei ist. Und das Schönste ist, dass ich einen neuen Freund habe.
Er heisst _____ und ist der Sohn des Königs. Er hat mir gesagt, dass er immer mein Freund sein will. Wir haben einen _____ _____ geschlossen.
Jonatan hat mir seine ganze Rüstung und seinen Mantel _____.
Er ist so grosszügig und freundlich. Danke, Gott, dass ich nun einen Freund habe. Das habe ich nicht erwartet! Ich freue mich so über meinen Freund Jonatan.

König Saul mag mich nicht. Das merke ich immer wieder. Oft wirft er mir _____ Blicke zu.
Manchmal habe ich richtig Angst vor Saul. Warum hasst Saul mich? Hat er etwa Angst, dass ich im Volk beliebter bin als er? Oder dass ich ihn von seinem _____ stürzen will? Das ist doch Unsinn! Zum Glück denkt Jonatan nicht so über mich. Er _____ mir, und das bedeutet mir sehr viel. Jonatan ist ein guter Freund. Er hat mit seinem Vater geredet.
Nun lässt Saul mich in _____.
Ich bin froh, dass Jonatan sich bei Saul für mich einsetzt.

Sauls Hass auf mich ist wieder aufgeflammt. Ich glaube, er will mich _____ lassen. Ich bin zu einem Festessen bei ihm eingeladen, aber ich habe Angst, dorthin zu gehen. Ich glaube, dass mir dort etwas _____ zustossen wird.
Gestern habe ich Jonatan von meiner Befürchtung erzählt. Jonatan ist sehr erschrocken und hat versprochen, mir zu _____. Er wird seinem Vater sagen, dass ich in einer wichtigen Sache zu meiner _____ muss und deshalb nicht zu dem Essen kommen kann. Jonatan wird mir alle Pläne seines Vaters berichten. Wie gut, dass Jonatan zu mir hält!

Wenn Jonatan nicht gewesen wäre, wäre ich jetzt _____.
Jonatan hat gehört, wie Saul und Abner Mordpläne gegen mich geschmiedet haben.
Er ist sofort zu mir gekommen und hat mich _____. Meine Befürchtung stimmt. Saul will mich töten lassen, weil er eifersüchtig auf mich ist. Ich muss mich verstecken, damit Saul und seine Leute mich nicht finden. Jonatan bleibt am Hof. Sein Vater soll keinen Verdacht schöpfen. Jonatan und ich müssen _____ voneinander nehmen. Ich bin so traurig. Ob ich Jonatan wiedersehe?

> Lest den Text zu zweit und fügt die fehlenden Wörter ein:

vertraut, Schlimmes, Familie, finstere, Freundschaftsbund, gewarnt, Jonatan, helfen, Goliat, Abschied, Ruhe, umbringen, Thron, geschenkt, tot

Woran erkennt man, dass Jonatan ein so guter Freund für David ist?

David nimmt sich viel vor

> Welche zwei Satzhälften gehören zusammen?
Verbindet zunächst mit Bleistift die Satzhälften, die zueinander gehören.
Vergleicht eure Lösung mit einer anderen Zweiergruppe.
Verbindet nun mit Farbstift die richtigen Satzhälften.

Niemand soll in meinem Königreich…
Mein Volk Israel soll…
Die Steuern sollen…
Wie ein guter Hirt für seine Herde…
Ich möchte für Gott…
Wenn ich einen Fehler mache,…
Meine selbst gedichteten Lieder…
Als König will ich…

…will ich für das Volk Israel sorgen.
…Hunger leiden.
…sollen Gott und Menschen erfreuen.
…in Sicherheit und Frieden leben.
…auf gute Ratgeber hören.
…mein Volk nicht niederdrücken.
…will ich ihn wiedergutmachen.
…ein schönes Haus bauen.

Der Prophet – ein Botschafter Gottes

- Wer traut sich, dem König entgegenzutreten?
- Wer wagt es, dem König ins Gewissen zu reden?
- Wer ruft den König zur Umkehr auf, wenn er üble Pläne hat und falsche Entscheidungen trifft?
- Wer ist unabhängig und tapfer genug?
- Wer ist bereit, Ablehnung, Spott oder gar Verfolgung in Kauf zu nehmen?

Gott ist es nicht gleichgültig, wie es seinem Volk geht. Deshalb beruft er Propheten oder Prophetinnen. Propheten sind Botschafter Gottes. Gott gibt den Propheten den Auftrag, dem König und dem Volk seine Botschaft unverfälscht und klar zu sagen. Propheten sind mutig. Sie sehen Ungerechtigkeiten und schweigen nicht. Sie warnen und ermahnen den König und das Volk im Namen Gottes.

Manchmal haben die Propheten auch ein hoffnungsvolles Wort von Gott für den König und das Volk.
Der Prophet selbst hat keine Macht, aber er tritt vor den mächtigen König. Wenn König und Volk nicht hören wollen, kann der Prophet sie nicht zwingen, dem Wort Gottes zu folgen. Ein Prophet bleibt seinem Auftrag treu, auch wenn es Leiden und Verfolgung mit sich bringt.

Rembrandt van Rijn *Natan vor König David*

Hört ihr den Propheten

Text: Rolf Krenzer
Melodie: Peter Janssens

Kehrvers

Hört ihr den Pro - phe - ten, wer - det
al - le still. Weil Gott durch sei - nen
Mund uns sagt, was er uns sa - gen will.
Gott spricht durch den Pro - phe - ten. Lauft vor
ihm nicht fort! Denn was euch der Pro -
phet ver - kün - det, das ist Got - tes Wort.

Strophen

1. Ein Mensch, den Gott sich aus - er - wählt, __
ein Mensch, den Gott sich nimmt, der
sich vor Volk und Kö - nig stellt __ und
sagt, was Gott be - stimmt.

2. Ein Mensch, der Gottes Gegenwart
   erlebt und auf ihn baut.
   Ein Mensch, dem Gott sich offenbart,
   dem er sich anvertraut.

59

David – König von Israel

David wird schuldig

Entschuldigung kennt viele Worte

> Welchen Satz oder welche Sätze würdest du für eine Entschuldigung wählen?
> Male sie farbig an.
> Gibt es Sätze, die dir nicht gefallen? Warum?
> Was könnte vor einem solchen Entschuldigungssatz passiert sein?

O Dio crea in me

Text: Ps 51,12–14
Melodie: unbekannt

O Di-o cre-a in me un___
cuo - re pu - ro ed in - fon-di den-tro di
me u-no spi-ri-to nuo-vo.
Non ri-get-tar-mi dal-la tu-a pre-sen-za.
Fam-mi re-star con te in co-mun - io-ne.
Ren-de-mi la gio-ia del-la tu -
a sal - vez-za ed in - fon-di den-tro di
me u-no spi-ri-to nuo-vo.

Gebet

Lieber Gott
Sogar Könige machen Fehler.
Wir haben es in der Geschichte gehört.
Auch wir machen immer wieder Fehler.
Lass uns spüren, dass du uns Fehler verzeihst.
Lege du allen Menschen, die Macht haben,
ins Herz, dass sie gut mit ihrer Macht umgehen.
Lass grosse und starke Kinder nicht
auf die Schwachen und Kleinen losgehen,
sondern sich im Gegenteil
für die Schwachen und Kleinen
einsetzen.
Amen.

Tobias Arni-Häberli

Deutsche Fassung

O Gott, schaff in mir ein reines Herz
und gib mir einen neuen, gewissen Geist. (2x)
Wende dich nicht von mir und sei mir gnädig.
Mach mich doch wieder froh durch deine Hilfe.
Schenke mir wieder Freude,
denn nur du kannst mir helfen,
und gib mir einen neuen, gewissen Geist.

Ein grosses Dankgebet (Psalm 103)

David schaut auf ein spannendes Leben zurück. Er hat Glück und Leid erlebt. Er hatte Erfolg, aber er wusste auch, wie es ist, wenn man ganz unten ist. David hat vieles gut gemacht, aber er ist auch schuldig geworden.

Was das Besondere an David ist? Er hat im Vertrauen auf Gott gelebt und Gott in seinem Herzen Raum gegeben. Das zeigt Psalm 103.

- Lobe den HERRN, meine Seele, und vergiss nicht, was er dir Gutes getan hat. (Vers 2)
- Gott erlöst dein Leben aus der Grube. (Vers 4)
- Taten der Gerechtigkeit vollbringt der HERR und Recht für alle Unterdrückten. (Vers 6)
- Barmherzig und gnädig ist der HERR. (Vers 8)

> Wähle einen Vers aus. Schreibe ihn ab.

_____

_____

> Was denkst du selbst über diesen Satz? Warum hast du ihn ausgewählt?
  Schreibe deine Gedanken in den grossen Kasten. Du darfst auch ein Gebet schreiben oder zeichnen.

Wer ist denn dieser Jesus?

Text: Ulrich Walter
Melodie: Reinhard Horn

Kehrvers

Wer ist denn die - ser Je - sus? So
fra - gen al - le Leu - te! Da - mals
und auch heu - te. Wer ist denn
die - ser Je - sus? Wer? Wer? Wer?

Strophen

1. Zum Jor - dan er zur Tau - fe kommt, Jo -
han - nes war - tet schon. Vom
Him - mel man die Stim - me hört: Du
bist mein lie - ber Sohn!

5. Die Liebe Gottes, stellt euch vor,
   sieht wie ein Vater aus.
   Er freut sich über jedes Kind,
   das heimkehrt in sein Haus.

6. Weit über alle Grenzen hin
   lädt er zum Frieden ein.
   «Weil Gottes Liebe stärker ist,
   lasst nun die Feindschaft sein!»

3. In Jericho ruft er geschwind:
   «Zachäus, komm vom Baum!»
   Und als er in sein Haus einkehrt,
   zieht neues Leben ein.

Jesus macht den Menschen Mut und gibt ihnen Hoffnung

> Schreibe hier einen Hoffnungssatz auf:

_____

_____

_____

_____

Die Synagoge

Wenn Jesus einen Gottesdienst feiern wollte, ging er zusammen mit anderen Männern in die Synagoge. Die Synagoge stand meistens am höchstgelegenen Punkt eines Dorfs oder Städtchens. Das jüdische Gesetz schrieb nämlich vor, dass sie von überall her sichtbar sein müsse. Die Synagoge war ein einfaches, rechteckiges Gebäude. Sie diente als Gottesdienstraum, für Gemeindeversammlungen und als Schulzimmer. In den Synagogen gab es nur für die Männer Sitzgelegenheiten. Die Frauen verfolgten den Gottesdienst aus dem Hintergrund mit. Vielerorts werden Frauen und Männer im gleichen Raum Gottesdienst gefeiert haben. Im Mittelschiff der Synagoge lagen kostbare Teppiche. Zuvorderst stand der Toraschrein. Darin wurden die Schriftrollen mit den heiligen Schriften aufbewahrt. Neben dem Toraschrein stand die Menora. Das ist ein Leuchter mit sieben Armen. Sieben ist die Zahl der Vollkommenheit. Sie weist auf Gott hin.

Ebenfalls in der Nähe des Toraschreins standen oft Ehrensessel für angesehene Männer des Dorfs oder für Gäste.

Ein anderer wichtiger Einrichtungsgegenstand war das Lesepult. Darauf wurden während des Gottesdiensts die Schriftrollen ausgelegt.

In jedem Gottesdienst wurde aus diesen Rollen vorgelesen. Danach wurde über den gelesenen Text gepredigt. Es gab keinen Pfarrer, der die Predigt hielt. Jeder Mann durfte etwas zum Text aus den heiligen Schriften sagen, wenn er wollte.

Im Synagogengottesdienst wurde auch gebetet und gesungen. Am Ende der Feier trugen die Männer die Schriftrollen wieder in den Toraschrein zurück.
Verantwortlich für die Synagoge waren die Männer des Dorfs oder Städtchens.
Sie bestimmten einen Synagogenvorsteher, der darüber wachte, dass der Gottesdienst nach der gewohnten Ordnung verlief.
Wenn Jesus in einem Städtchen zu Besuch war, wurde er oft eingeladen, in der Synagoge zu predigen. Die Leute wollten hören, was er zu den Schriften der Tora zu sagen hatte.

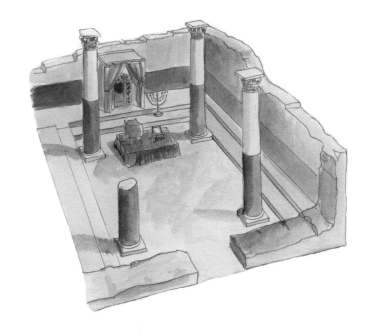

Frauen zur Zeit von Jesus

Zur Zeit Jesu spielte sich das Leben der Frauen vor allem innerhalb der Familie ab. Es gab ganz wenige alleinstehende Frauen. In der Familie war die Frau für die Erziehung der Kinder und den Haushalt zuständig. Wo es nötig war, half sie ihrem Mann bei seiner Arbeit.
Vor allem auf dem Land mussten Frauen und Kinder mit den Männern mitarbeiten.

Wenn ein Mädchen zwölf Jahre alt war, galt es als erwachsen. Viele junge Frauen wurden sehr früh verheiratet. Dabei schloss der Vater der Braut mit dem Bräutigam einen Ehevertrag ab. Eine Ehe konnte grundsätzlich nicht geschieden werden. Wollte sich ein Mann trotzdem von seiner Frau scheiden, musste er ihr eine Entschädigung zahlen. Verheiratete Frauen trugen normalerweise einen Schleier. Wenn ein Mann starb, bevor das Paar ein Kind bekommen hatte, musste einer seiner Brüder die Frau heiraten.

Eine typische Frauenarbeit war das Wasserholen
am Brunnen. Dort trafen sich die Frauen und
konnten sich miteinander unterhalten.
Es schickte sich aber nicht, dass eine Frau in
der Öffentlichkeit mit einem Mann sprach.

Jüngerinnen und Jünger von Jesus

Viele Menschen zogen mit Jesus von Ortschaft zu Ortschaft. Sie folgten ihm, weil sie hören wollten, was er zu sagen hatte, und weil sie seine Wundertaten sehen wollten.
Jesus wählte zwölf Männer aus, die ständig bei ihm sein und von ihm lernen sollten, damit sie später selbst die Botschaft von Gottes Reich weitertragen konnten. Ihre Namen sind in den Evangelien aufgeschrieben:

Simon Petrus, Andreas, Jakobus, Johannes, Philippus, Bartolomäus (im Johannesevangelium heisst er Natanael), Thomas, Matthäus (am Anfang des Lukasevangeliums wird er Levi genannt), Jakobus, der Sohn des Alfäus (oder Jakobus der Jüngere), Thaddäus (im Lukasevangelium heisst er Judas), Simon Kananäus und Judas Iskariot.

Es zogen auch Frauen mit ihm.
Sie halfen mit ihrem Geld mit, dass Jesus und die Jünger das Nötigste zum Leben hatten.
Das Lukasevangelium nennt einige solche Frauen mit Namen: Maria aus Magdala (Maria Magdalena genannt), Johanna und Susanna.

Nicht alle Jüngerinnen und Jünger von Jesus waren mit ihm unterwegs. Manche, wie Maria und Marta, beherbergten Jesus, wenn er in ihrem Dorf oder ihrer Stadt vorbeikam.

> Erkennt ihr einige Jüngerinnen und Jünger auf diesen Seiten?
> Schreibt ihren Namen auf die entsprechende Linie.
> Gebt nun auch den anderen Jüngerinnen und Jüngern Namen. Ihr findet sie im Text.

73

Seligpreisungen

Selig die Gewaltlosen – sie werden das Land erben.

Selig, die ihr jetzt hungert – ihr werdet gesättigt werden.

Selig, die ihr jetzt weint – ihr werdet lachen.

Selig die Barmherzigen – sie werden Barmherzigkeit erlangen.

Selig, die Frieden stiften – sie werden Söhne und Töchter Gottes genannt werden.

Selig ihr Armen – euch gehört das Reich Gottes.

> Schau in deiner Bibel (Mt 5,3–10; Lk 6,20+21) nach, welche Seligpreisungen aus welchem Evangelium stammen. Schreibe auf die Steine Mt für Matthäusevangelium und Lk für Lukasevangelium. Finde selbst Hoffnungssätze:

_____

_____

_____

_____

Kleines Senfkorn Hoffnung

Text: Alois Albrecht
Melodie: Ludger Edelkötter

1. Klei-nes Senf-korn Hoff-nung, mir um-sonst ge-schenkt: wer-de ich dich pflan-zen, dass du wei-ter wächst, dass du wirst zum Bau-me, der uns Schat-ten wirft, Früch-te trägt für al-le, al-le, die in Ängs-ten sind.

2. Kleiner Funke Hoffnung, mir umsonst geschenkt:
werde ich dich nähren, dass du überspringst,
dass du wirst zur Flamme, die uns leuchten kann,
Feuer schlägt in allen, allen, die im Finstern sind.

3. Kleine Münze Hoffnung, mir umsonst geschenkt:
werde ich dich teilen, dass du Zinsen trägst,
dass du wirst zur Gabe, die uns leben lässt,
Reichtum selbst für alle, alle, die in Armut sind.

4. Kleine Träne Hoffnung, mir umsonst geschenkt:
werde ich dich weinen, dass dich jeder sieht,
dass du wirst zur Trauer, die uns handeln macht,
leiden lässt mit allen, allen, die in Nöten sind.

5. Kleines Sandkorn Hoffnung, mir umsonst geschenkt:
werde ich dich streuen, dass du manchmal bremst,
dass du wirst zum Grunde, der uns halten lässt,
Neues wird mit allen, allen, die in Zwängen sind.

Gleichnisse zum Reich Gottes

 Das Reich Gottes ist wie das Korn, das ohne Zutun der Menschen wächst.

_____

 Das Reich Gottes gleicht einem Fischernetz.

_____

 Das Reich Gottes ist wie ein verborgener Schatz.

_____

Das Reich Gottes gleicht einem Senfkorn.

_____

 Das Reich Gottes gleicht einem Sauerteig.

_____

 Das Reich Gottes ist wie eine Perle.

_____

> Ordne die folgenden Bibelstellen den abgebildeten Gleichnissen zum Reich Gottes zu:
  Mt 13,44; Mt 13,45+46; Mt 13,47; Mk 4,26–29; Lk 13,18+19; Lk 13,20+21

Ich lobe meinen Gott

Text: Gitta Leuschner nach Psalm 9,2f
Melodie: Claude Fraysse

Ich lo-be mei-nen Gott von gan-zem Her-zen, und ich will er-zäh-len von all sei-nen Wun-dern und sin-gen sei-nem Na-men. Ich lo-be mei-nen Gott von gan-zem Her-zen, ich freu-e mich und bin fröh-lich, Herr, in dir. Hal-le-lu-ja!

Ich lobe meinen Gott, weil…

_____

_____

_____

_____

Der Tempel in Jerusalem

Der Tempel in Jerusalem war gross und prächtig. 85 Jahre lang dauerte sein Bau. Als Jesus lebte, war er zwar noch nicht fertig gebaut, wurde aber trotzdem schon seit längerer Zeit genutzt. Für seinen Bau wurde viel Gold und Kupfer verwendet. So strahlte der Tempel in der Sonne und war von weitem schon zu sehen.

(6)

Der wichtigste Teil des Tempels war das Tempelhaus mit dem Allerheiligsten. Das **Allerheiligste** war ein leerer Raum von 10 × 10 m. Er galt als Wohnung Gottes. Niemand durfte ihn betreten. Nur einmal im Jahr, am Versöhnungstag, ging der Hohe Priester ins Allerheiligste hinein.

(5)

Die **Tempelmauer** war aus grossen Steinblöcken gebaut. Diese waren etwa 1 m hoch und bis zu 9 m lang. Die Mauer war 5 m dick. Im Jahr 70 n. Chr. wurde der Tempel von den Römern zerstört. Übrig geblieben ist nur noch ein Mauerrest, die heutige Klagemauer (Westmauer).

① Im **Frauenhof** standen die Opferstöcke für die Geldopfer. Hier feierten die Juden gemeinsam die grossen Pilgerfeste.

② Der **Vorhof des Tempels** war etwa 480 m lang und 300 m breit. Er war umgeben von einer Säulenhalle.
In den Gängen der Säulenhalle wurde diskutiert und gelehrt. Auch Menschen, die nicht zum jüdischen Volk gehörten, kamen in den Vorhof des Tempels, um zu Gott zu beten. Zum Innenhof hatten jedoch nur Juden Zutritt.
Im Vorhof kauften die Menschen ihre Opfertiere. Weil man nur eine bestimmte Währung als Geldopfer darbringen konnte, gab es hier auch Geldwechsler. So ging es im Vorhof des Tempels manchmal laut und hektisch zu und her.

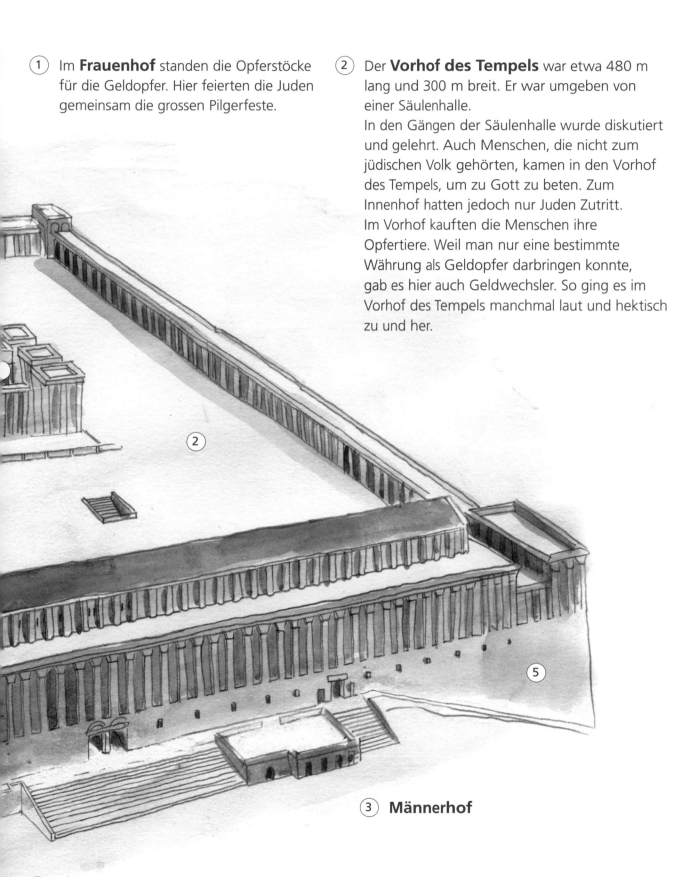

③ **Männerhof**

④ Im **Priesterhof** stand der Brandopferaltar. Hier wurden die Opfertiere geschlachtet, und der Teil des Tiers, der Gott zukommen sollte, wurde verbrannt.

Was denken die Leute über Jesus?

Viele Menschen haben Jesus kennengelernt. Ihre Meinungen über ihn sind geteilt. Manche sind von ihm fasziniert. Andere stören sich an ihm: Er stiftet Unruhe, er legt die Gesetze anders aus, er macht den Menschen Mut, aufzustehen und an ihre eigene Würde zu glauben. Damit ist er eine Gefahr für die Mächtigen im Land.

> Was denken diese Leute über Jesus? Klebt die passenden Texte in die Gedankenblasen.

Das Osterlied

Text: Rolf Krenzer
Melodie: Reinhard Horn

1. «Seht!» So ru-fen heut die Leu-te,
weil sie sich so freun. «Wie ein
Kö-nig rei-tet Je-sus in die Stadt hin-
ein! Wie ein Kö-nig rei-tet
Je-sus in die Stadt hin-ein!»

6. Un-ser Herr ist auf-er-stan-den.
Kommt und weint nicht mehr! Und sie
sa-gen's al-len wei-ter, freu-en sich so
sehr, und sie sa-gen's al-len
wei-ter, freu-en sich so sehr.

2. A-bends isst er mit den Jün-gern.
3. Je-sus wird ver-kauft, ver-ra-ten.
4. Als der Herr am Kreuz ge-stor-ben,
5. Als sie ihn zu Grab ge-tra-gen,

Er lädt al-le ein. Je-der spürt, das
So ist es ge-schehn. Wie ver-stei-nert
ist ihr Herz so schwer. Und die Freun-de
wei-nen sie so sehr. Nichts ist ih-nen

Mahl heut A-bend wird das letz-te
sind die Jün-ger, kön-nen's nicht ver-
trau-ern, kla-gen, ha-ben ihn nicht
mehr ge-blie-ben. Und die Welt ist

sein. Je-der spürt, das Mahl heut
stehn. Wie ver-stei-nert sind die
mehr. Und die Freun-de trau-ern,
leer. Nichts ist ih-nen mehr ge-

A-bend wird das letz-te sein.
Jün-ger, kön-nens nicht ver-stehn.
kla-gen, ha-ben ihn nicht mehr.
blie-ben. Und die Welt ist leer.

Die Hoffnung lebt weiter

Jesus hat seine Jüngerinnen und Jünger nicht ratlos und hilflos zurückgelassen. Er hat ihnen Gottes Geist versprochen und ihnen einen Auftrag gegeben.

> Lest nach, was die Jüngerinnen und Jünger tun sollen. Schreibt es in euren eigenen Worten auf. Ihr findet den Auftrag in folgenden Bibelstellen: Mt 28,18–20; Mk 16,15; Apg 1,8.

_____

_____

_____

_____

> Jesus will, dass seine Botschaft weitergetragen wird. Christinnen und Christen nehmen heute den Auftrag wahr, den Jesus seinen Jüngerinnen und Jüngern gegeben hat.
> Welche Hoffnungssätze dürfen wir heute weitergeben?

_____

_____

_____

_____

_____

In den römischen Katakomben

Die Katakomben sind riesige unterirdische Grabanlagen. Hier wurden die ersten Christen beerdigt.

Wenn wir heute durch die kilometerlangen Gänge gehen, die Bilder an den Wänden und auf den Grabplatten betrachten, können wir viel über den christlichen Glauben und das Leben der ersten Christen erfahren. Viele Zeichen und Symbole erzählen, was Christen und Christinnen in ihrem Glauben wichtig war.

Mit einer einfachen Steinplatte wurden die Gräber verschlossen. Manche Grabplatten sind mit Inschriften und christlichen Symbolen verziert. Erkennst du die Symbole?

Hier siehst du eine Wandzeichnung. Was siehst du darauf? An welche Geschichte erinnert sie?

Ein besonderer Fisch

Der
Fisch ist
das älteste
Symbol der Christen.
In den ersten Jahrhunderten unserer Zeitrechnung wurden Christen und Christinnen im Römischen Reich verfolgt. Nicht wenige wurden getötet, weil sie Christen waren. Man erzählt sich, dass die Christen den Fisch als Erkennungszeichen vereinbart hatten. Wenn zwei Gläubige sich trafen, zeichnete der eine den oberen Bogen des Fischs. Wenn der andere den unteren dazu zeichnete, wussten beide voneinander, dass sie an Jesus glaubten.
Warum ein Fisch? Was hat der Fisch mit Christsein zu tun? Erkennst du die fünf Buchstaben, die in den Fisch gemalt sind? Es sind griechische Buchstaben, die das Wort *ichthys* bilden. Das heisst übersetzt *Fisch*. Mit jedem Buchstaben beginnt ein Wort, das etwas über Jesus erzählt.

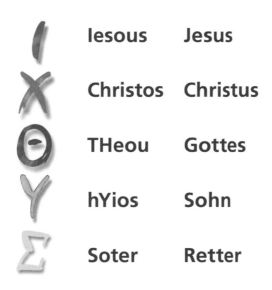

	Iesous	Jesus
	Christos	Christus
	THeou	Gottes
	hYios	Sohn
	Soter	Retter

> Aus den einzelnen Wörtern lässt sich ein Satz bilden: das alte Glaubensbekenntnis der Christen. Mit dem Symbol Fisch bekennen Christen und Christinnen:

Ich glaube, dass _____

_____

Meine Hoffnung und meine Freude

Text: Gesang aus Taizé
Melodie: Jacques Berthier (1923–1994)

Mei - ne Hoff - nung und mei - ne
Freu - de, mei - ne Stär - ke, mein Licht.
Chris - tus, mei - ne Zu - ver - sicht, auf dich ver -
trau ich und fürcht mich nicht, auf dich ver -
trau ich und fürcht mich nicht.

O ma joie et mon espérance,
Le Seigneur est mon chant.
C'est de lui que vient le pardon.
En lui j'espère, je ne crains rien.
En lui j'espère, je ne crains rien.

XP sind die ersten beiden griechischen Buchstaben von Christus: ΧΡΙΣΤΟΣ

Auf dem Schild am Kreuz von Jesus stand: INRI. Das ist eine Abkürzung für
Iesus Nazarenus Rex Iudaeorum (= Jesus von Nazaret, König der Juden) (Joh 19,19f).

Der Anker ist ein Symbol für das Heil der Seele (Hebr 6,19).

ΑΩ (mit Kleinbuchstaben αω) sind der erste und der letzte Buchstabe des griechischen Alphabets.
Christus ist der Erste und der Letzte (Offb 22,13).

Ein Karfreitagskreuz

Diese Kreuzesdarstellung hat Matthias Grünewald, ein berühmter Maler des Mittelalters, gemalt. Sie ist fast 500 Jahre alt und diente als Altarbild. Heute befindet sich das Bild in der Staatlichen Kunsthalle in Karlsruhe (Deutschland).

Ein Osterkreuz

Diese Kreuzesdarstellung ist fast 1450 Jahre alt. Sie ist Teil eines riesigen Mosaiks hoch über dem Altarraum der Basilica di Sant'Apollinare in Classe. Die Kirche steht in Ravenna (Italien).

Die ersten Christen leben in Gemeinschaft

Wir gehören alle zusammen, denn wir glauben an Jesus Christus. Paulus, einer der Apostel, hat gesagt: «Die Christen sind der Leib von Jesus Christus.» Das gefällt uns.
Wir wollen das, was Jesus getan und gesagt hat, in die Welt tragen:

 Wie Jesus wollen wir Menschen in Not helfen.

 Wie Jesus wollen wir einsame Menschen besuchen.

 Wie Jesus wollen wir anderen Menschen gut zuhören.

 Wie Jesus wollen wir die gute Botschaft weitertragen.

Jesus hatte auch Jüngerinnen. Bei uns Christen sind Frauen und Männer gleich wichtig. Manchmal müssen wir die Männer daran erinnern, denn sie sind noch nicht daran gewöhnt.

Meine Eltern sind Christen. Sie möchten, dass ich auch an Jesus glaube. Deshalb nehmen sie mich mit in den Gottesdienst. Manchmal ist es langweilig. Zum Glück gibt es in der Gemeinde andere Kinder, mit denen ich spielen kann.

Wir treffen uns jede Woche, um in den heiligen Schriften zu lesen. Wir wollen besser verstehen, wer Jesus ist. Manche von uns haben das Lesen nie gelernt. Mir gefällt, dass die, die lesen können, den anderen vorlesen. Beim Diskutieren darf jeder mitreden.

Ob jemand reich oder arm ist, ist für uns nicht wichtig. Jesus hat sich um arme und reiche Menschen gekümmert. Wir sorgen füreinander. Ich teile gern meinen Besitz mit denen, die weniger haben.

Schaut, wie verschieden wir sind! So verschieden wie Glieder an einem Leib. Doch wir gehören als Gemeinschaft zusammen.

Wenn du mehr wissen möchtest, lies in der Bibel Apg 2,42–47 oder 1Kor 12,12+13.

Ich leite die Gemeinde und sorge dafür, dass es allen gut geht und niemand einsam ist. Für mich ist der Sonntag der schönste Tag der Woche. Dann treffen wir uns zum Gottesdienst und erinnern uns daran, dass Jesus auferstanden ist.

Es gibt auch Streit unter uns. Manche sind überzeugt, dass man alle jüdischen Gesetze halten muss, wenn man Jesus nachfolgen will. Andere sagen, dass Jesus uns von der Last des Gesetzes befreit hat. Ob wir eine Lösung finden?

Ich möchte gern mehr über Jesus erfahren. Ich finde es schade, dass ich Jesus nicht persönlich kennengelernt habe. Aber ich spüre seinen Geist unter uns, besonders wenn wir Abendmahl feiern. Ich habe beschlossen, mich taufen zu lassen.

Ich habe ein grosses Haus. Dort kommen wir zum Feiern des Gottesdiensts zusammen. Dann beten und singen wir und hören Geschichten aus dem Leben von Jesus. Mir gibt das Kraft für meinen Alltag.

Die Hände von Jesus

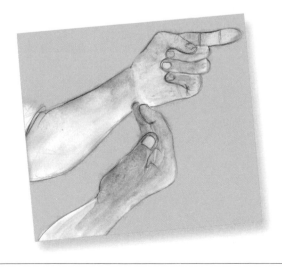

> Betrachtet die Bildausschnitte genau! Auf jedem Bild siehst du die Hände von Jesus in Aktion.
Welches Bild gehört zu welcher Geschichte? Schreibt unter jedes Bild den passenden Titel:

Jesus reinigt den Tempel, Jesus ruft Zachäus, Jesus heilt die Schwiegermutter des Petrus, Jesus wäscht Petrus die Füsse, Jesus beruft seine Jünger, Jesus segnet die Kinder, Jesus trägt sein Kreuz

Hände, die schenken

Text: Claus-Peter März
Melodie: Kurt Grahl

1. Hände, die schenken, erzählen von Gott. Sie sagen, dass er mich erhält. Hände, die schenken, erschaffen mich neu, sie sind der Trost dieser Welt.

2. Worte, die heilen, erzählen von Gott.
Sie sagen, dass er zu mir steht.
Worte, die heilen, befreien mich heut,
sie sind das Licht dieser Welt.

3. Augen, die sehen, erzählen von Gott.
Sie sagen, dass er auf mich schaut.
Augen, die sehen, sie öffnen die Tür,
sie sind die Hoffnung der Welt.

4. Lippen, die segnen, erzählen von Gott.
Sie sagen, dass er mich erwählt.
Lippen, die segnen, sind Freude für mich,
sie sind die Zukunft der Welt.

> Welche Bibelstelle gehört zu welchem Bild?
Schlagt in der Bibel nach und schreibt die
Bibelstelle zum passenden Bild:
Joh 13,4–10; Lk 19,1–10; Mk 1,29–31;
Lk 5,1–8; Mt 21,12–13; Joh 19,17;
Mt 19,13–15

Mache dich auf und werde Licht

Text: Jes 60,1
Melodie: Kommunität Gnadenthal

Kanon für 4 Stimmen

1. Ma - che dich auf und wer - de Licht!

2. Ma - che dich auf und wer - de Licht!

3. Ma - che dich auf___ und___ wer - de Licht,

4. denn dein Licht kommt.

Lasst euer Licht leuchten!

> In der Bergpredigt findet ihr wichtige Worte, die Jesus zu seinen Jüngerinnen und Jüngern gesagt hat. Matthäus hat sie in seinem Evangelium aufgeschrieben.
> Schlagt in der Bibel nach und füllt die Lücken!

Ihr seid das _____ der _____. Eine _____, die oben auf einem _____

liegt, kann nicht verborgen bleiben. Man zündet auch nicht ein _____ an und stellt es unter

den _____, sondern auf den _____; dann leuchtet es allen im _____. So

soll euer _____ leuchten vor den _____, damit sie eure guten _____

sehen und euren _____ im _____ preisen.   Mt 5, 14–16

> Jesus spricht in Bildern. Welche Bilder verwendet er?

Versucht, andere Wörter für *leuchten* zu finden.

Überlegt, was *leuchten* für euch im Alltag bedeuten könnte. Findet ihr zwei Beispiele aus eurem Alltag? Schreibt sie auf.

95

Bildnachweis

S. 2 (oben links): *The Prince of Egypt* © picture-alliance/United; **(oben rechts):** *Microfiche der Bibel* © Alexander Schick, www.bibelausstellung.de; **(unten):** *Briefmarke der deutschen Post zum Jahr der Bibel 2003* © Medienpark/Müller; **S. 3 (oben):** Rembrandt van Rijn *Die Heimkehr des verlorenen Sohnes* (1668/69), Eremitage St. Petersburg © picture-alliance/akg-images; **(unten):** *Bibel und Zündholzschachtel* © Alexander Schick, www.bibelausstellung.de; **S. 6:** *Zürcher Bibel* (2007) © Verlag der Zürcher Bibel beim Theologischen Verlag Zürich, Zürich; **S. 8 (oben links):** *Aquädukt von Cäsarea am Mittelmeer* © Getty Images/ National Geographic Creative; **(oben rechts):** *See Gennesaret* © Getty Images; **(Mitte links):** *Klagemauer in Jerusalem am Jom Kippur* © epd-bild/Alexander Fröhlich; **(Mitte rechts):** *Jordan* © picture-alliance/akg-images; **(unten links):** *Höhlen von Qumran* © epd-bild/Norbert Neetz; **(unten rechts):** *Totes Meer bei En-Gedi mit Baumstümpfen* © picture-alliance/akg-images; **S. 18 (von oben nach unten):** *Codex Vaticanus* (4. Jh.) © Biblioteca Apostolica Vaticana (Vatican); *Pariser Bibel* (1236) © Bibliothèque National de France (ms.lat. 36, 123); *Bibel von Bischof Frederick* (11. Jh.) © Bibliothèque publique et universitaire de Genève (ms.lat.1, Bibel 67); **S. 19 (von oben nach unten):** *Heutige Bibelausgaben* © Dorothea Meyer-Liedholz; *Zürcher Bibel* (1531) *(Froschauerbibel)* © Zentralbibliothek Zürich; *Gutenberg-Bibel* (1455) © Bibelmuseum Münster; Foto © akg-images; **S. 44:** *Labyrinth vor der Kirche St. Lambertus in Mingolsheim* © Claus Ableiter; **S. 53 (von oben nach unten):** *Vier Jungen schauen amüsiert einem Fastnachtsumzug zu* © Medienpark/Gustavo Alabiso; *Zwei Mädchen im Unterricht* © Medienpark/Gion Pfander; *Rennende Kinder* © ImagePoint/Uwe Umstätter; *Zwei Jungen beim Spasskampf* © ImagePoint/Foto Begsteiger KEG; **S. 54:** *Vier Mädchen aus der Froschperspektive* © ImagePoint/Uwe Kraft; **S. 58:** Rembrandt van Rijn *Natan vor König David* © bpk/Kupferstichkabinett Staatliche Museen Berlin/Jörg P. Anders; **S. 84 (oben links):** *Priscillakatakombe, Galerie mit Loculusgräbern* © Pontificia Commissione di Archeologia Sacra, Rom; **(Mitte rechts):** *Fragment einer Grabplatte mit Christogramm, Fisch und Anker in der Katakombe von S. Sebastiano, Rom* © Pontificia Commissione di Archeologia Sacra, Rom; **(unten):** *Eucharistischer Fisch in der Lucinagruft, Calixuskatakombe, Rom* © Pontificia Commissione di Archeologia Sacra, Rom; **S. 88:** Matthias Grünewald *Christus am Kreuz zwischen Maria und Johannes* (1523/24) © Staatliche Kunsthalle Karlsruhe (Inv. Nr. 994); **S. 89:** *Kosmisches Kreuz mit Christusmedaillon, Mosaik in der Apsis der Basilica di Sant'Apollinare in Classe, Ravenna* (vor 549) © akg-images; **S. 94 (oben rechts):** *Blumen auf einer Wiese in Kraichgau* © Medienpark/Gustavo Alabiso; **(Mitte links):** *Sonnenuntergang am Ozean in Frankreich* © Medienpark/Gustavo Alabiso; **(Mitte rechts):** *Leuchtturm auf der Insel Anglesey, Wales* © H. D. Zielske/Bilderberg; **(unten links):** *Bundeslager Deutscher Pfadfinderbund* © epd-bild/Carsten Mathaes; **(unten rechts):** *Innenstadt Frankfurt am Main* © Rainer Drexler/Bilderberg; **S. 95:** *Kinder zünden während des 20. Europäischen Jugendtreffens von Taizé in Wien Kerzen zum Gebet an* © epd-bild/Norbert Neetz

Liednachweis

S. 4: *B-I-B-E-L* © Andrew Bond, GrossenGaden-Verlag, Wädenswil, www.andrewbond.ch (*Himmelwiit* Nr. 10); **S. 11:** *Gottes Wort ist wie Licht in der Nacht* © Text: Bistum Essen, Essen (*rise up* 168); **S. 34:** *Wältwunder – Wunderwält* © Andrew Bond, GrossenGaden-Verlag, Wädenswil, www.andrewbond.ch (*Himmelwiit* Nr. 11); **S. 37:** *Du bist du (Vergiss es nie)* © 1976 Paragon Music Corp., adm. by Unisong Music Publ. B.V.; für Deutschland, Österreich, Schweiz: Hänssler Verlag, Holzgerlingen; **S. 39:** *Weit wie das Meer* © Text: Theologischer Verlag Zürich, Zürich; © Melodie: Strube Verlag GmbH, München–Berlin (RG 700); **S. 52:** *Mit meinem Gott spring ich über Mauern* © Herbert Adam (*rise up* 054); **S. 54:** *Wenn einer sagt, ich mag dich* © Hänssler Verlag, Holzgerlingen (*Gott hat uns einen Traum geschenkt* 125); **S. 59:** *Hört ihr den Propheten* © Peter Janssens Musik Verlag, Telgte-Westfalen (*Bye bye Jona,* 1992); **S. 66:** *Wer ist denn dieser Jesus?* © KONTAKTE Musikverlag, 59557 Lippstadt, Deutschland (*Mit dem Friedenskreuz durch das Kirchenjahr,* Buch + CD); **S. 75:** *Kleines Senfkorn Hoffnung* © KiMu Kinder Musik Verlag GmbH, Essen (*rise up* 119); **S. 77:** *Ich lobe meinen Gott* © 1976 Claude Fraysse/Alain Bergèse, Frankreich; für Deutschland, Österreich, Schweiz: Hänssler Verlag, Holzgerlingen (*rise up* 106); **S. 82:** *Das Osterlied* © KONTAKTE Musikverlag, 59557 Lippstadt, Deutschland (*Bibelhits* 87, Buch + CD); **S. 86:** *Meine Hoffnung und meine Freude* © Atéliers et Presses de Taizé, 71250 Taizé-Communauté, Frankreich (*rise up* 023); **S. 93:** *Hände, die schenken, erzählen von Gott* © Strube Verlag GmbH, München–Berlin (*rise up* 104); **S. 94:** *Mache dich auf und werde Licht* (*rise up* 109) © Präsenz-Verlag, Gnadenthal

Textnachweis

S. 10: *Wie das Alte Testament entstand.* Aus: Hans Freudenberg (Hrsg.). 2000. *Freiarbeit mit Religionsunterricht praktisch. 3. und 4. Schuljahr.* S. 144 © Vandenhoeck & Ruprecht GmbH & Co. KG, Göttingen; **S. 12:** *Wie das Neue Testament entstand.* Aus: Hans Freudenberg (Hrsg.). 2000. *Freiarbeit mit Religionsunterricht praktisch. 3. und 4. Schuljahr.* S. 145 © Vandenhoeck & Ruprecht GmbH & Co. KG, Göttingen; **S. 44:** *Gebet.* Aus: Regine Schindler. 2006. *Die zehn Gebote. Wege zum Leben.* Illustriert von Hannes Binder. S. 67 © Patmos Verlag GmbH & Co. KG, Düsseldorf; **S. 45:** *Ein Turm bis zum Himmel.* Aus: Evangelisch-reformierte Kirche Basel-Stadt. ⁵1989. *Vom Aufgang der Sonne. Lieder für den Religionsunterricht an der Primarschule.* Friedrich Reinhardt Verlag, Basel. S. 16; **S. 64:** *Gebet.* Aus: Tobias Arni-Häberli. *Wege zum Kind* 1/2008. S. 19. www.kik-verband.ch

Wo nicht anders nachgewiesen, werden Bibelstellen nach der Zürcher Bibel (2007) zitiert © 2007, Zürcher Bibel/Theologischer Verlag Zürich.

Herausgeber und Verlag waren bemüht, alle nötigen Abdruckrechte einzuholen. Wir bitten Sie, nicht erhebbar gewesene Rechte gegebenenfalls beim Theologischen Verlag Zürich zu melden.